01

쉽게 익히는
뇌 깨우기

풀이 시간 00:30

출발

2 미로 찾기 미로를 따라 먹이를 찾아가 보세요.

풀이 시간 **00:30**

출발

풀이 시간 00:45

6

풀이 시간 00:45

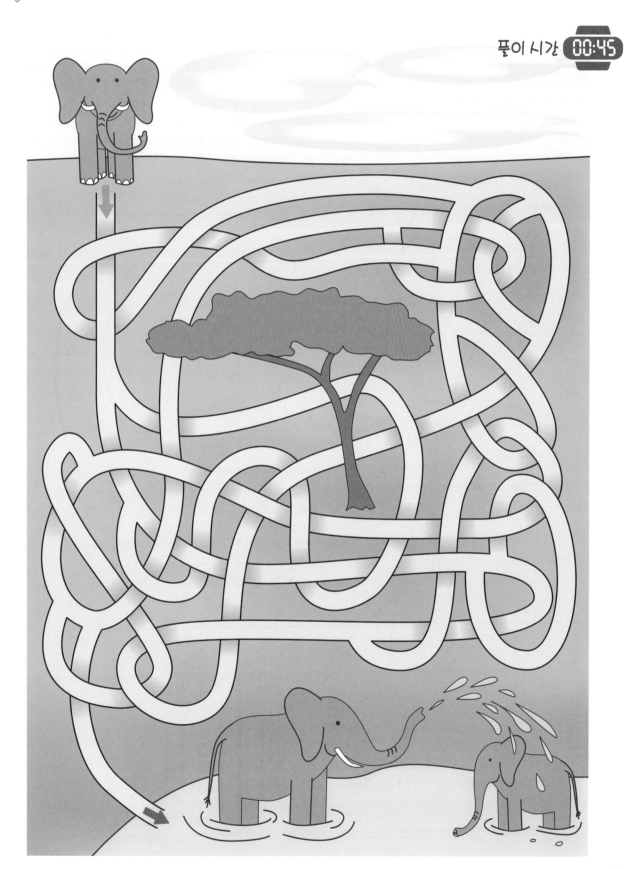

풀이 시간 **00:50**

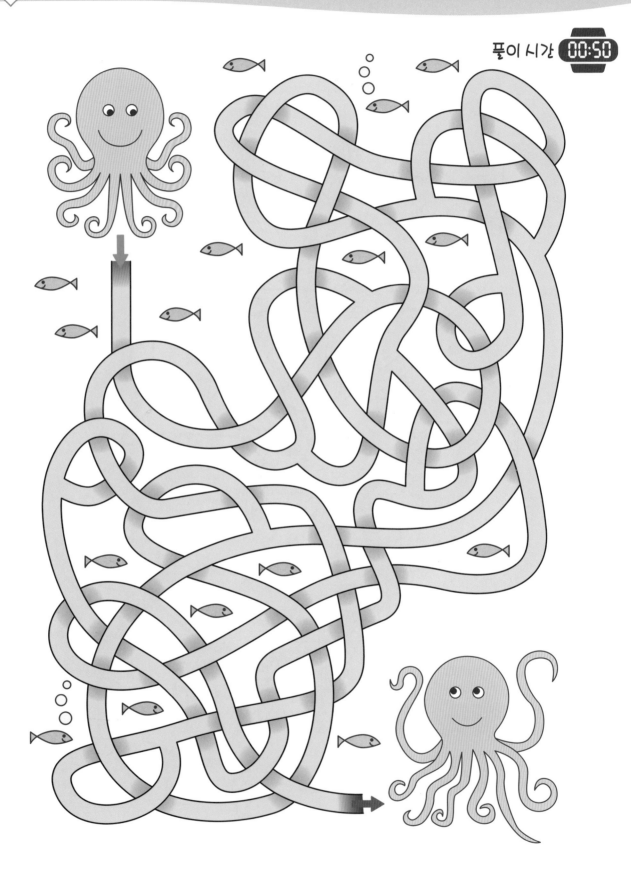

풀이 시간 **00:50**

풀이 시간 00:45

풀이 시간 00:45

풀이 시간

12

풀이 시간 **00:50**

풀이 시간 01:00

⟨12⟩ **미로 찾기** 미로를 따라 찾아가 보세요.

풀이 시간 0:30

풀이 시간 **01:30**

풀이 시간

출발

도착

미로 찾기 미로를 따라 찾아가 보세요.

출발

도착

02

자유롭게
뇌 산책하기

풀이 시간 **01:20**

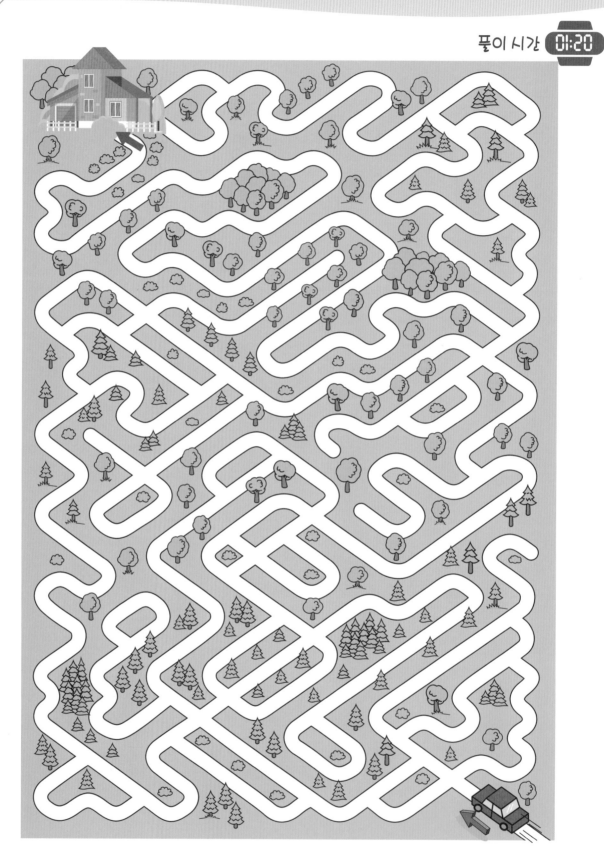

풀이 시간 01:20

풀이 시간

도착

출발

4 **미로 찾기** 미로를 따라 찾아가 보세요.

풀이 시간 **01:45**

도착

출발

5 미로 찾기 미로를 따라 찾아가 보세요.

미로 찾기 미로를 따라 찾아가 보세요.

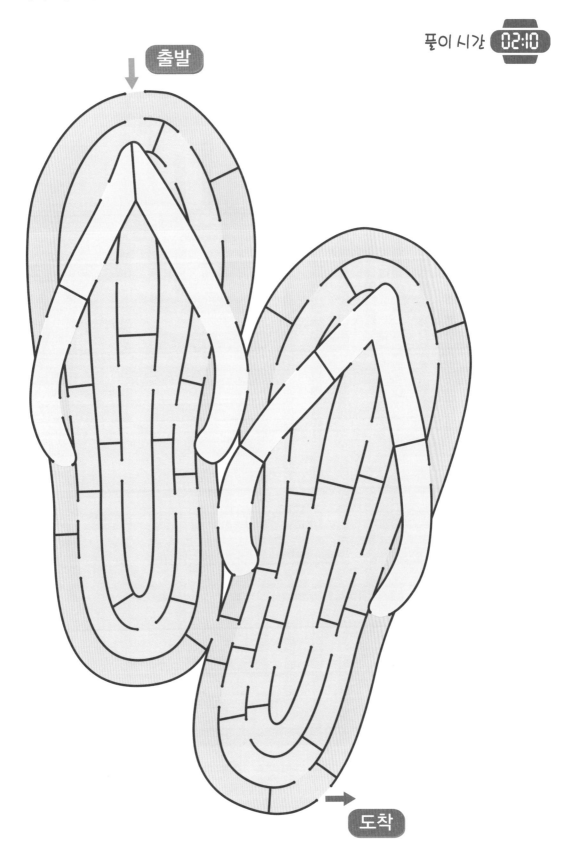

출발

도착

풀이 시간 02:10

출발

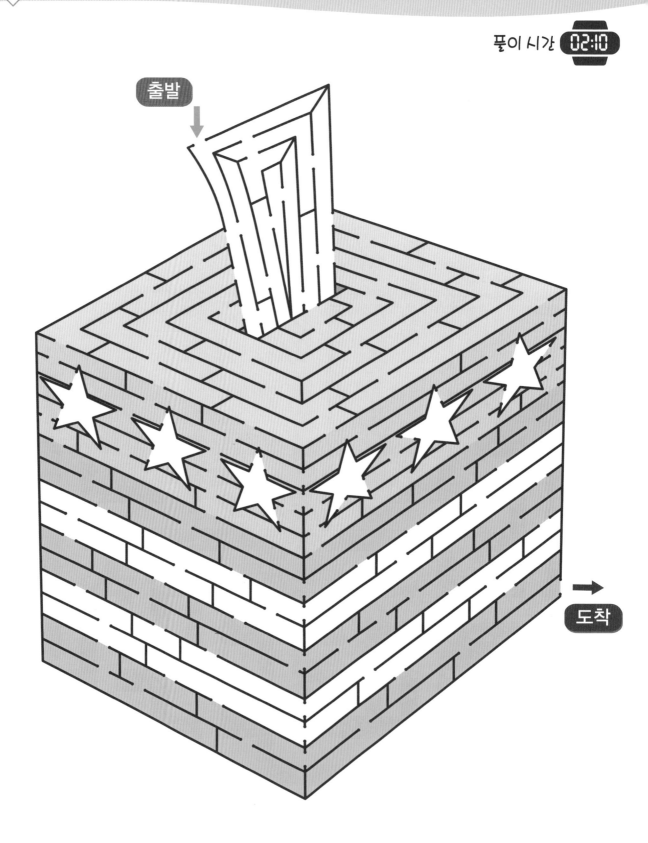

도착

출발

도착

출발

풀이 시간 01:15

도착

풀이 시간

출발

도착

출발

풀이 시간 02:10

도착

출발

풀이 시간 02:10

도착

미로 찾기 미로를 따라 찾아가 보세요.

풀이 시간 01:20

출발

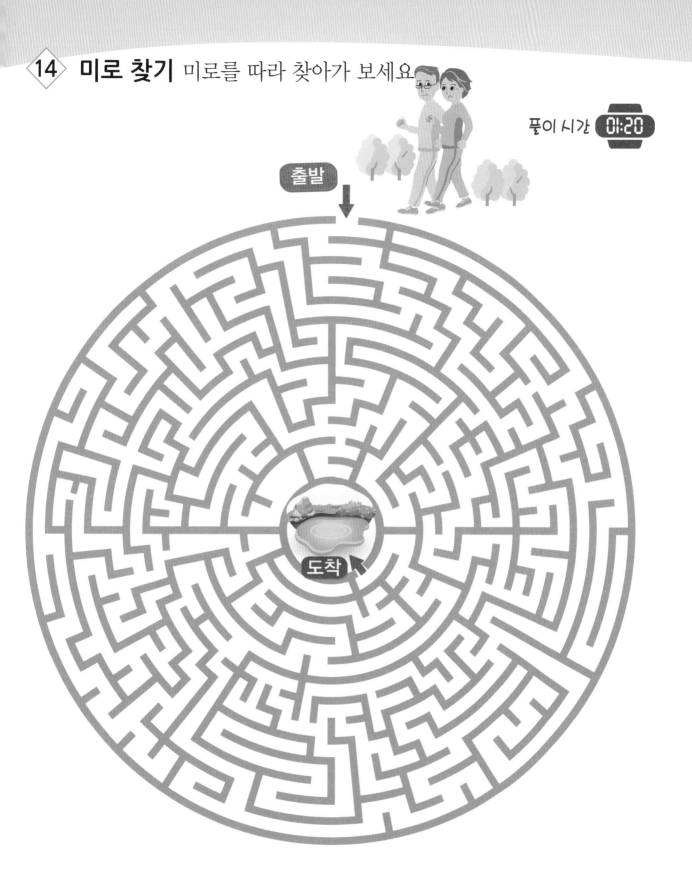

도착

풀이 시간 01:30

출발

도착

36

16 미로 찾기 미로를 따라 찾아가 보세요.

도착

택배

출발

출발

도착

18 **미로 찾기** 미로를 따라 찾아가 보세요.

풀이 시간 01:30

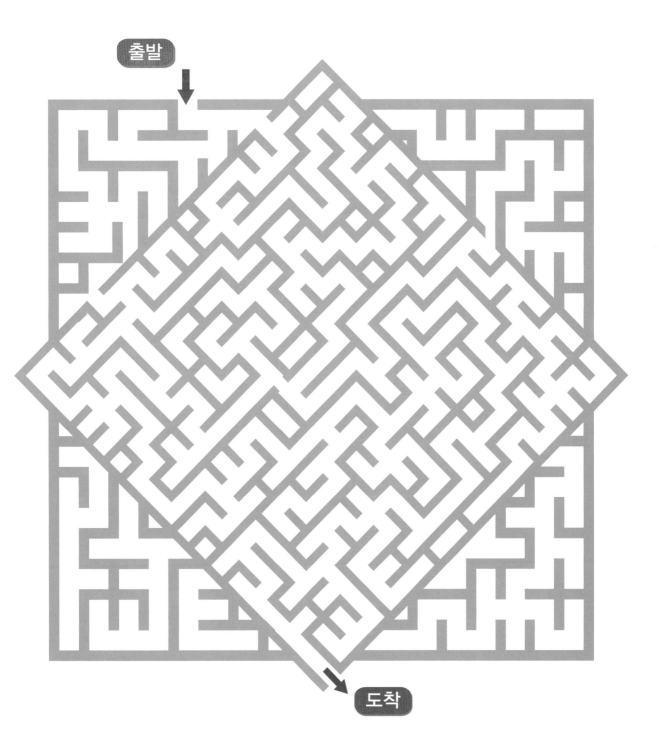

출발

도착

풀이 시간  01:35

상상하는 대로
뇌 여행하기

출발

풀이 시간 01:30

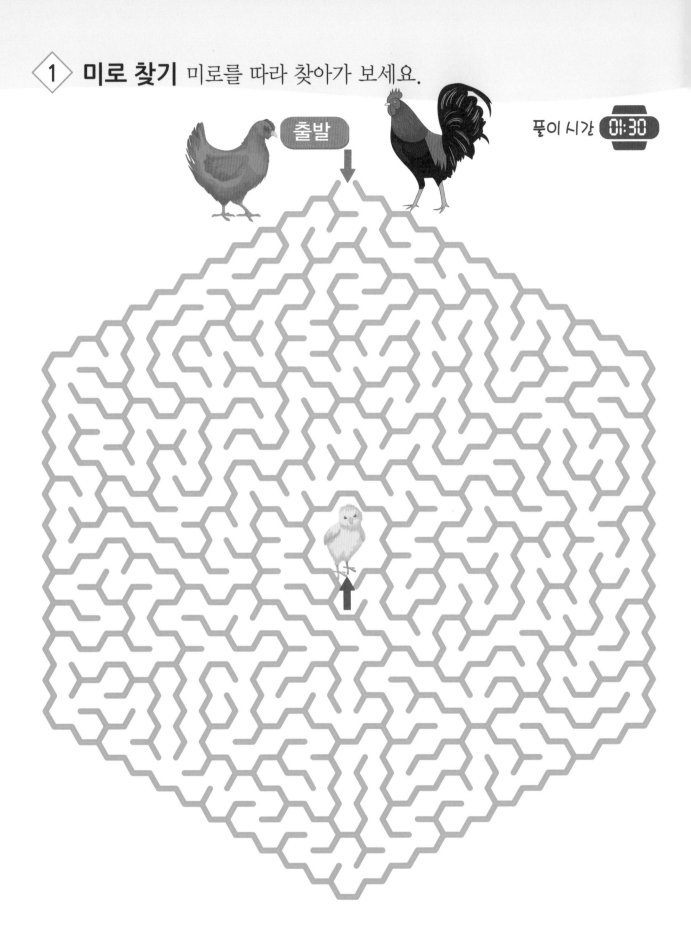

② 미로 찾기 미로를 따라 찾아가 보세요.

출발

풀이 시간 01:30

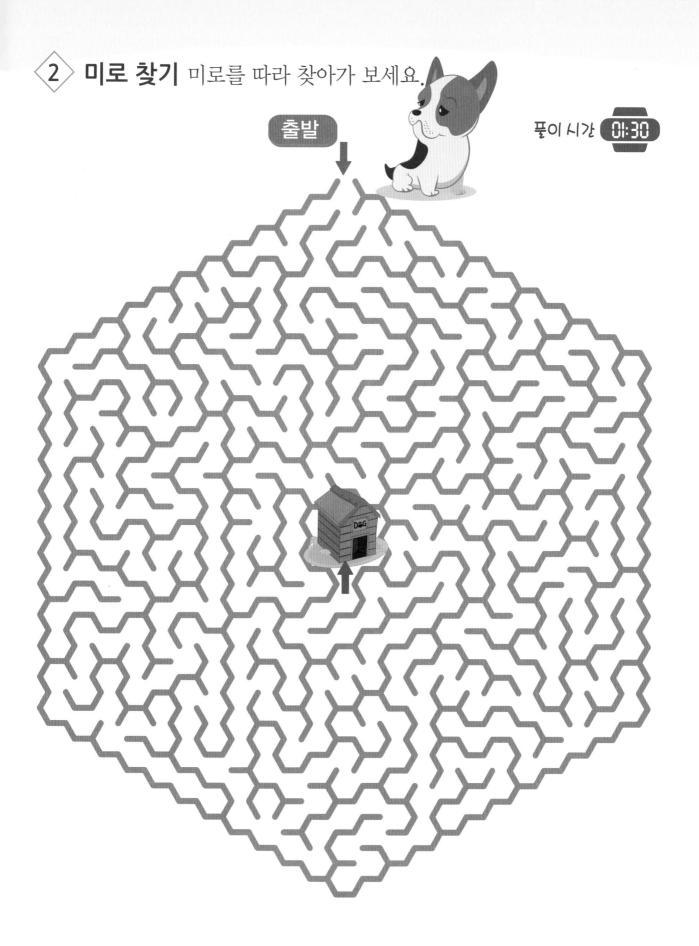

③ 미로 찾기 미로를 따라 찾아가 보세요.

출발   도착

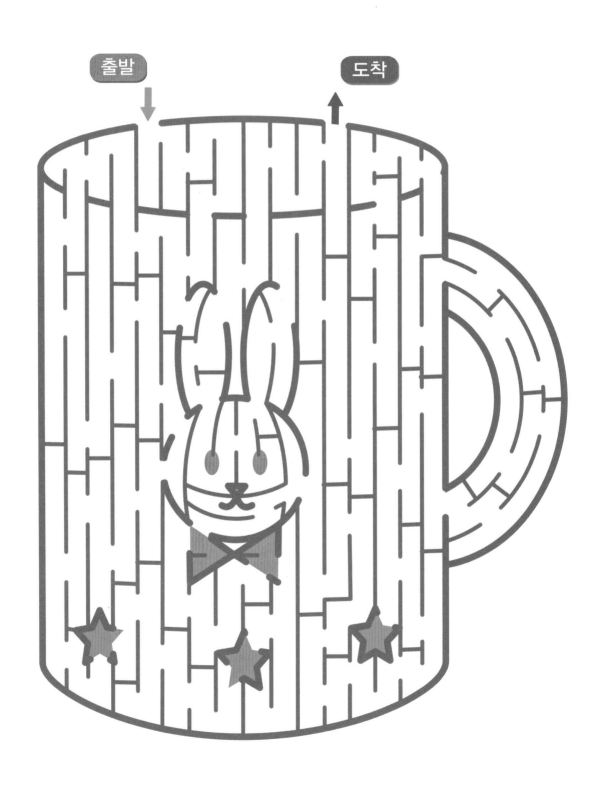

미로 찾기 미로를 따라 찾아가 보세요.

풀이 시간

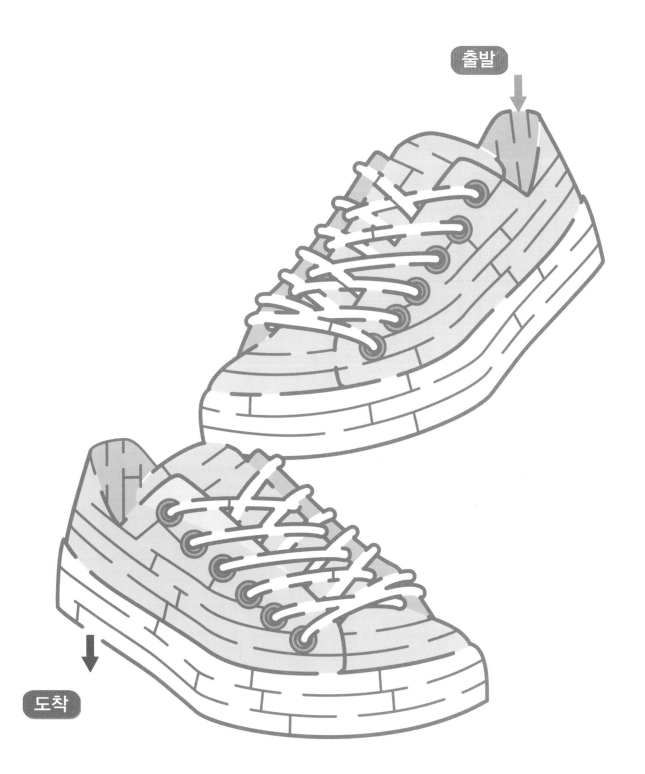

출발

도착

45

풀이 시간 02:30

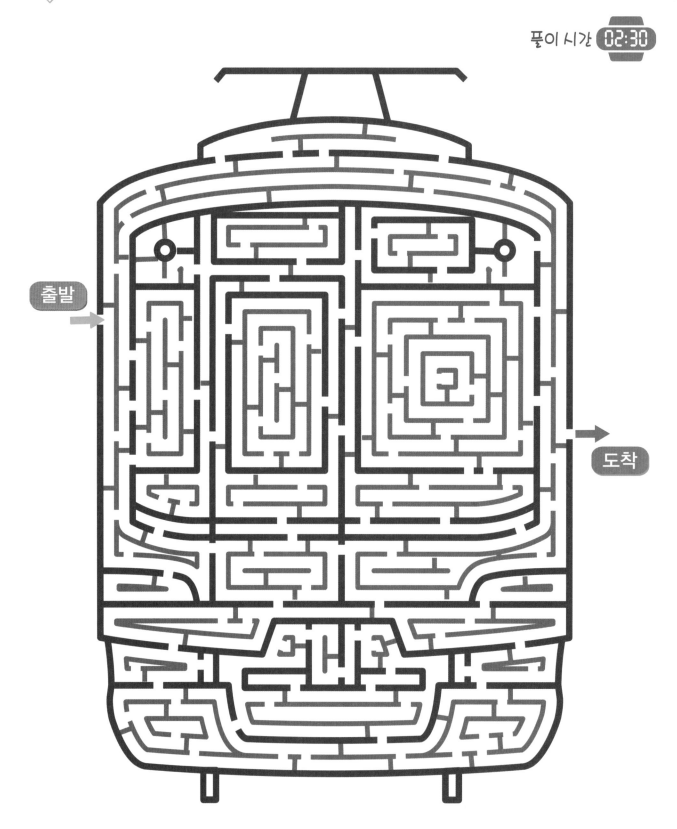

출발

도착

6 미로 찾기 미로를 따라 찾아가 보세요.

풀이 시간 02:30

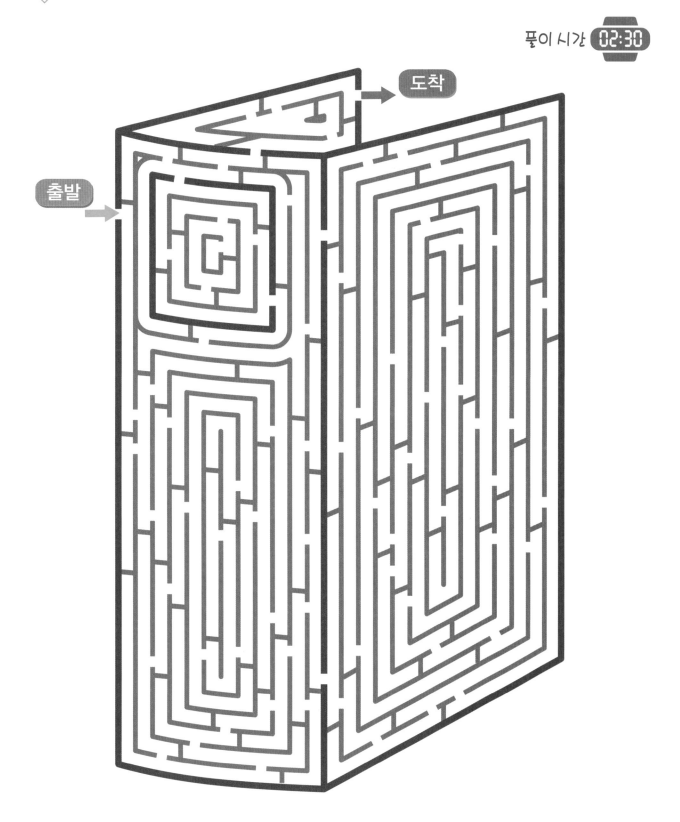

도착

출발

풀이 시간 03:30

도착

미로 찾기 미로를 따라 찾아가 보세요.

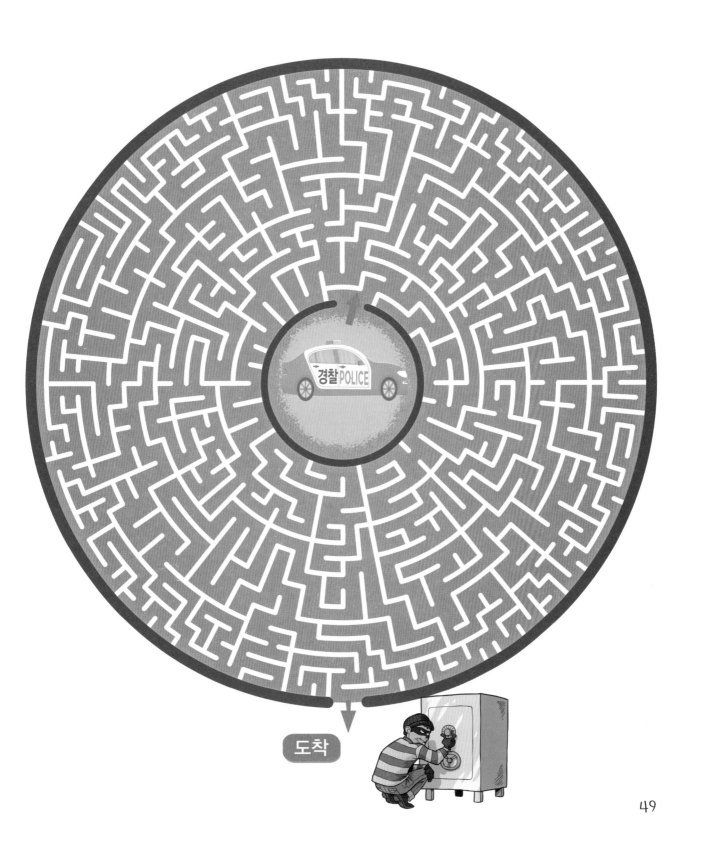

도착

9 미로 찾기 미로를 따라 찾아가 보세요.

풀이 시간 02:40

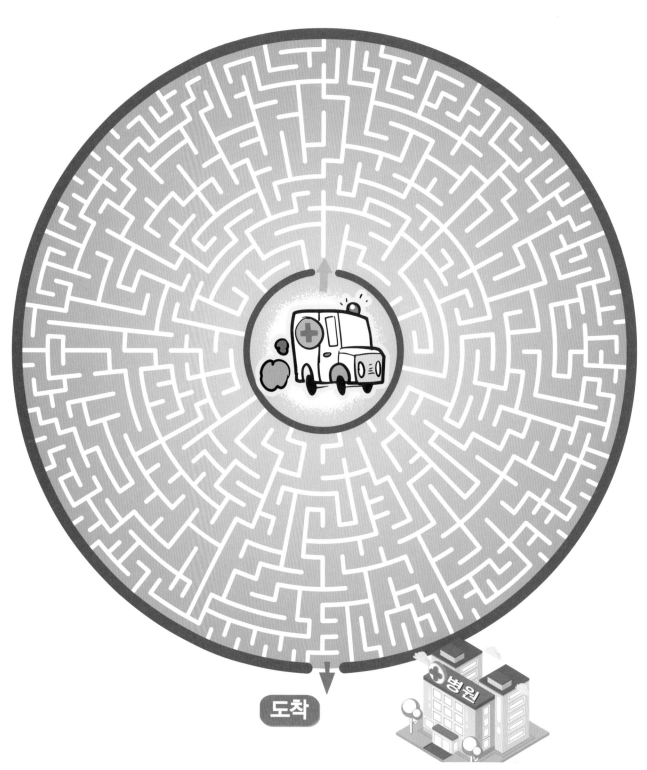

도착

풀이 시간 **02:40**

도착

풀이 시간 02:50

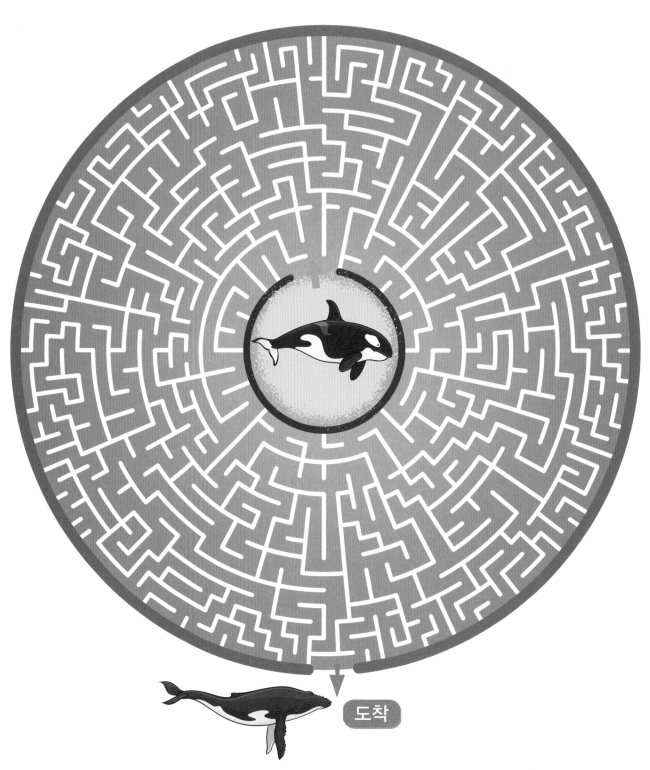

도착

미로 찾기 미로를 따라 찾아가 보세요.

도착

13 미로 찾기 미로를 따라 찾아가 보세요.

출발

풀이 시간 03:00

도착

14 미로 찾기 미로를 따라 찾아가 보세요.

풀이 시간 **03:00**

출발

도착

풀이 시간 03:00

출발

도착

16 미로 찾기 미로를 따라 찾아가 보세요.

출발

풀이 시간 03:00

도착

⟨17⟩ 미로 찾기 미로를 따라 찾아가 보세요.

도착

미로 찾기 미로를 따라 찾아가 보세요.

출발

풀이 시갼 03:30

도착

풀이 시간 **03:00**

출발

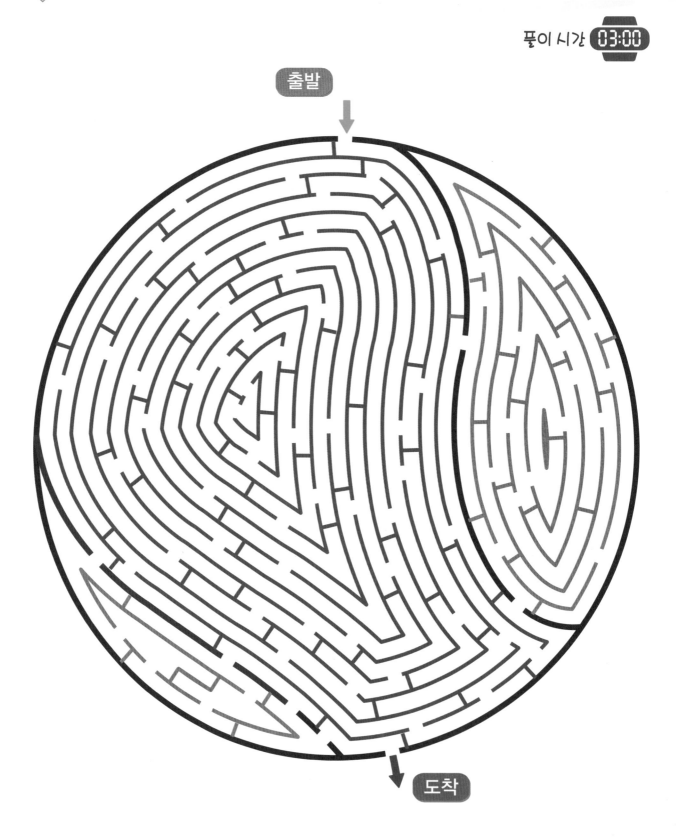

도착